So finden Sie die richtigen Aktien

3 Kennzahlen, die Sie kennen sollten

von James Bennett

Inhaltsverzeichnis

Einleitung

Die Aktie ist noch immer die beste Anlageform um Ihr Kapital zu vermehren und noch wichtiger, es zu schützen. Selbst und gerade in Zeiten der Inflation ist die Aktie dem Bargeld vorzuziehen. Doch leider scheuen sich immer noch viele Menschen davor, ihr sauer verdientes Geld in Wertpapiere zu investieren. Zu unrecht, wie ich finde, denn es ist heutzutage leichter als jemals zuvor, die richtigen Aktien für eine langfristige Geldanlage zu finden.

In diesem Ratgeber verrate ich Ihnen, wie Sie ohne viel Aufwand richtig gute Wachstums-Aktien finden. Außerdem gebe ich Einblicke in die richtige Strategie wie Diversifikation, Aufteilung der einzelnen Posten, Rebalancing und darüber, wie viel Bargeld Sie bestenfalls zur Verfügung haben sollten, um das Optimum aus Ihren Anlagen heraus zu holen.

Was sind Wachstums-Aktien?

Wachstums-Aktien sind Aktien von Unternehmen, die gesund sind und regelmäßig gute Gewinne erwirtschaften. Sie sollten sich auf Unternehmen konzentrieren, die in der Vergangenheit bewiesen haben, dass sie gut mit Geld umgehen können und ihren Umsatz und Gewinn regelmäßig steigern. Bestenfalls sollte das Unternehmen Dividenden ausschütten und auch diese sollten, abgesehen von einigen Ausrutschern, stetig steigen. Welche Punkte es dabei zu beachten gibt werde ich Ihnen anhand von Beispielen erläutern. Zusätzlich erhalten Sie eine Checkliste, welche Sie bei Ihrer Analyse verwenden können. Wenn alle Punkte abgehakt werden können, handelt es sich um gute Aktie.

Es ist gar nicht so schwer die Perlen unter den Aktien ausfindig zu machen. Mit ein paar einfachen Punkten werden Sie in der Lage sein, richtig gute Aktien zu finden, in die es sich wirklich lohnt zu investieren. Ihr Augenmerk sollte dann auf eine langfristige Anlage gerichtet sein. Nehmen Sie dazu Geld, dass Sie nicht unbedingt brauchen, damit Sie Schwankungen aussitzen können und nicht gerade dann verkaufen müssen, wenn der Markt in einer Baisse ist.

Wichtige Kennzahlen, die Sie kennen sollten

Die Eigenkapitalquote

Wikipedia sagt: „Die Eigenkapitalquote (engl. equity ratio) ist eine betriebswirtschaftliche Kennzahl, die das Verhältnis von Eigenkapital zum Gesamtkapital (= Bilanzsumme) eines Unternehmens wiedergibt."

Sie gibt also wieder wie hoch das Eigenkapital im Verhältnis zum Fremdkapital ist. Verständlicherweise sollte das Eigenkapital höher als das Fremdkapital sein. Ein Unternehmen, dass ständig auf Kredite angewiesen ist um sich über Wasser zu halten ist keine gute Wahl. Selbstverständlich macht es durchaus Sinn, wenn ein Unternehmen Kredite aufnimmt um beispielsweise neue Produkte herzustellen oder neue Unternehmensbereiche zu schaffen. Von diesen Krediten, die je nach Art durchaus gut für das Unternehmen sein können, rede ich nicht. Ich meine vielmehr Kredite, die für das operative Geschäft notwendig sind. Denn in diesem Fall wirft die Geschäftstätigkeit nicht soviel ab als dass davon ein organisches Wachstum möglich wäre. Und genau das suchen wir ja, Unternehmen die aller Voraussicht nach mittel- bis langfristig wachsen und deren Wert stetig steigt.

Die Eigenkapitalquote sollte mindestens 15% betragen. Ein Wert von 15% gibt an, dass das Verhältnis Eigenkapitalquote zu Fremdkapitalquote 15:85 ist. Je höher dieser Wert ist, umso gesünder ist das Unternehmen und umso mehr Gewinn kann langfristig unterstellt werden. Wichtig ist auch, dass die Eigenkapitalquote über die letzten Jahre durchweg mindestens 15% betragen hat. Das zeugt dann von Nachhaltigkeit.

Die Fremdkapitalquote

Die Fremdkapitalquote (englisch: debt ratio) bezeichnet den Anteil des Fremdkapitals am Gesamtkapital. Diese wird ebenfalls in % dargestellt. Sie offenbart somit den Grad der Verschuldung eines Unternehmens. Bei einer hohen Fremdkapitalquote ist das Risiko des Unternehmens höher. Denn mit steigender Verschuldung steigen sowohl das Risiko einer Zahlungsunfähigkeit als auch das einer Überschuldung. Daher ist es sinnvoll, sich Unternehmen auszusuchen, deren Fremdkapitalquote so niedrig wie möglich ist. Als Faustregel sollte die Fremdkapitalquote mindestens 67% betragen.

Der Verschuldungsgrad

Der Verschuldungsgrad gibt Auskunft über das Verhältnis von Fremdkapital zu Eigenkapital. Auch dieses wird in % dargestellt. Die Formel dazu lautet:

Verschuldungsgrad = Fremdkapital / Eigenkapital.

Der Verschuldungsgrad ist eine die Fremdkapitalquote ergänzende Kennzahl, die Aufschluss gibt über die Kapital- bzw. Finanzierungsstruktur oder anders ausgedrückt, die Verschuldung eines Unternehmens.

Je höher der Verschuldungsgrad ausfällt, desto riskanter ist das Unternehmen aufgestellt. Ein höherer Verschuldungsgrad kann jedoch aufgrund des Leverage-Effekts in der Regel die Eigenkapitalrentabilität (financial leverage) steigern. Dies sei nur am Rande bemerkt.

Als Faustregel gilt: Der Verschuldungsgrad sollte unter 200% sein, bestenfalls unter 100%.

Beispiele:

Anhand von Beispielen möchte ich jetzt aufzeigen, wie gut laufende Unternehmen aufgestellt sind.

Ich habe McDonald's ausgewählt, weil ich diese Aktie für ein sehr gutes Beispiel halte. Sie erfüllt eigentlich alle Kriterien und zeigt in 2015 ein bisschen Schwäche.

McDonald's Aktie

Bewertung	2011	2012	2013	2014	2015	2016
Eigenkapitalquote in %	43,62	43,22	43,71	37,49	18,68	-
Fremdkapitalquote in %	56,38	56,78	56,29	62,51	81,32	-
Verschuldungsgrad in %	129,25	131,38	128,78	166,71	435,26	-

Wie Sie sehen, ist dies nach unseren Kriterien eine gute Aktie. Die Eigenkapitalquote beträgt durchweg mehr als 15% und die Fremdkapitalquote weniger als 67%, bis auf das Jahr 2015. Hier schlägt der Wert etwas aus. Dennoch ist dies noch kein Grund zur Beunruhigung.

Auch der Verschuldungsgrad ist fast durchgehend unter 200%. In 2015 beträgt dieser zwar 435,26% doch sollte man noch ein Jahr abwarten und weitere Kennzahlen in Betracht ziehen. Eventuell ist McDonald's jetzt eine gute Wahl für antizyklisches Investieren. Oder, wenn Sie bereits investiert sind, sollten Sie weitere Nachforschungen anstellen, ob es sich lohnt diese Aktie zu halten oder sie lieber abzustoßen.

Apple Aktie

Bewertung	2012	2013	2014	2015	2016
Eigenkapitalquote in %	67,14	59,69	48,11	41,09	39,87
Fremdkapitalquote in %	32,86	40,31	51,89	58,91	60,13
Verschuldungsgrad in %	48,94	67,54	107,84	143,37	150,83

Die Apple-Aktie ist eigentlich das Paradebeispiel für eine gute Langfrist-Anlage. Die Eigenkapitalquote liegt bei über 15%, die Fremdkapitalquote bei unter 67% und der Verschuldungsgrad bei unter 200%. Zwar zeigt die Aktie in 2016 eine

Verlangsamung des Wachstums, was jedoch bei dem enormen Anstieg der letzten Jahre kein Wunder ist. Insgesamt passen allen Werte.

Weitere wichtige Kennzahlen

Um über die Qualität eines Unternehmens zu urteilen haben sich auch folgende Punkte bewährt.

Umsatz und Gewinn

Sowohl der Umsatz als auch der Gewinn sollten über die Jahre hinweg stetig gestiegen sein. Kleinere Ausrutscher nach unten kann man dabei vernachlässigen. Wichtig ist, dass der Gesamttrend nach oben zeigt. Sollte das Unternehmen Dividenden ausschütten, sollte man auch hier schauen, ob die Dividende und auch die Dividendenrendite in % in den letzten Jahren gestiegen ist.

PEG (Price/Earnings-to-growth Ratio), zu Deutsch: Das Verhältnis von Kurs-Gewinn (KGV) zu Wachstum, oder Kurs-Gewinn-Wachstums-Verhältnis

Mit dem PEG können Sie Unternehmen zu günstigen Preisen finden, welche ein starkes zukünftiges Gewinnwachstum haben. Der PEG gibt Auskunft darüber, welche jährliche Gewinnwachstumsrate zukünftig zu erwarten sein wird. Ein PEG von 30 bedeutet beispielsweise, dass der Gewinn des Unternehmens in diesem Jahr voraussichtlich um 30% oder mehr steigen wird. Falls jedoch der Wert der Aktien schneller steigt als als der Gewinn, könnte dies bedeuten, dass die Aktie überbewertet ist und eine Korrektur ansteht.

Eine Aktie kann man als guten Wert bezeichnen, wenn das KGV (Kurs-Gewinn-Verhältnis) unter der zu erwartenden jährlichen Wachstumsrate liegt.

Halten Sie Ausschau nach Aktien die ein PEG-Verhältnis von 1,0 oder weniger haben. Das sind die richtig guten Aktien mit großem Wachstumspotenzial. Bei einem derart niedrigen PEG ist die Aktie definitiv unterbewertet und man sollte sich die Aktie genauer ansehen (auch unter Berücksichtigung der oben angeführten Punkte).

Management und Wettbewerbsvorteile

Man sollte sich vor dem Kauf einer Aktie auch ein Bild vom Management machen. Welche Referenzen hat es vorzuweisen? Ist es wahrscheinlich, dass das Management eben dieses Unternehmen zu führen in der Lage ist?

Ebenso sollte man sich ein Bild über die Wettbewerbssituation machen. Welche Konkurrenten gibt es, und können diese dem Unternehmen zu viele Marktanteile abnehmen? Im Falle von McDonald's wäre der größte Konkurrent, zumindest in Deutschland, wohl Burger King. Hier würde ich aber dennoch sagen, dass McDonald's die Nase vorn hat, sei es durch ausgeklügeltes Marketing oder immer neue Aktionen, die die Kunden in die Restaurants locken. Man sollte auch ein Stück weit nach dem eigenen Bauchgefühl gehen und sich fragen: Traue ich diesem Unternehmen? Ist zu erwarten, dass es seine Gewinne und auch die Marktposition festigen wird?

Umsatz, Nettoeinkommen und Gewinnspanne

Umsatz

Ein gutes Unternehmen erwirtschaftet einen von Jahr zu Jahr steigenden Umsatz. Der Umsatz muss aber nicht zwingend in jedem einzelnen Jahr steigen, sondern der Trend muss erkennbar sein. Ein Unternehmen, dessen Umsätze jährlich fallen, signalisiert, dass es in Schwierigkeiten geraten ist.

Nettoeinkommen

Ebenso sieht es mit dem Nettoeinkommen aus. Das Nettoeinkommen ist der Umsatz eines Unternehmens nach Abzug der Ausgaben und Steuern.

Das Nettoeinkommen sollte von Jahr zu Jahr steigen. Ein Unternehmen, dessen Nettoeinkommen jährlich steigt, beweist, dass es weiß, wie man Produkte verkauft und die laufenden Kosten im operativen Geschäft unter Kontrolle hat.

Gewinnspanne

Die Gewinnspanne bezeichnet den Anteil des Umsatzes, der dem Unternehmen nach Abzug aller Kosten als Gewinn übrig bleibt.

Das Unternehmen sollte die Gewinnspanne von Jahr zu Jahr steigern können, auch während einer Rezession. Wenn ein Unternehmen die Gewinnspanne immer weiter erhöhen kann, so ist das ein Indiz dafür, dass es immer höhere Preise für seine Produkte verlangen kann und die Kunden bereit sind, diese auch zu bezahlen. Das beste Beispiel hierfür ist Apple. Dieses Unternehmen kann seine Produkte zu viel höheren Preisen als seine Konkurrenz anbieten.

Unternehmen, die eine beständige oder steigende Gewinnspanne aufweisen machen deutlich, dass sie in der Lage sind ihre operativen Kosten effektiv unter Kontrolle halten zu können.

Eine beständige oder wachsende Gewinnspanne gewährleistet, dass ein Unternehmen profitabel ist und die Aktionäre mit Gewinnen belohnen kann.

Wie Sie herausfinden, ob eine Aktie überbewertet und somit zu teuer ist

Das KGV

Es reicht in den meisten Fällen nicht aus, nur ein Unternehmen mit stabilen Finanzen zu finden. Ebenso wie man für ein gutes Auto zu viel bezahlen kann, kann man natürlich auch für eine gute Aktie zu viel bezahlen – und das kann das Aufwärtspotenzial für Ihre Gewinne schmälern oder sogar einen Verlust bedeuten.

Mit dem Kurs-Gewinn-Verhältnis (KGV) können Sie herausfinden, ob eine Aktie überteuert ist. Das KGV vergleicht den Aktienwert (den Preis) mit der Höhe des Gewinns pro Aktie (Earnings per share), die ein Unternehmen erwirtschaftet hat.

Der Einstiegszeitpunkt

Mit diesen Kennzahlen im Gepäck können Sie schon ziemlich sicher sehr gute bis exzellente Langfrist-Anlagen für Ihr Kapital ausfindig machen. Wenn die Aktie dann noch gute Dividenden ausschüttet, wird das Risiko noch weiter verringert.

Sicher, es gibt keine zu 100% sichere Geldanlage. Ein gewisses Restrisiko bleibt immer bestehen. Doch wäre das dann ja auch langweilig, wenn wir ehrlich sind.

Jetzt, da Sie die ein oder andere Aktie in die nähere Auswahl gefasst haben, stellen Sie sich möglicherweise die Frage, zu welchem Preis und mit wie viel Geld Sie einsteigen sollten. Dazu sei gesagt, dass der Zeitpunkt, zu dem langfristig angelegte Investitionen getätigt werden, eine untergeordnete Rolle spielt. Wenn Sie die Aktien lange halten möchten, und das würde ich Ihnen empfehlen, sollten Sie zunächst einmal mit 10% Ihres Kapitals einsteigen. Es ist fast unmöglich den tiefsten Punkt zu erwischen. Vielmehr macht es Sinn, erst einmal klein anzufangen. Und wenn Sie von dem Wert überzeugt sind können Sie beispielsweise die Positionen aufstocken, wenn die Aktie um 10% unter Ihrem Einstiegskurs gefallen ist. Bei richtig guten Aktien würde ich das immer so wiederholen. Dadurch verringert sich Ihr Einstiegswert immer weiter und Sie profitieren dann richtig, wenn die Aktie wie von Ihnen erwartet steigt.

Sollte die Aktie jedoch nur noch steigen, würde ich dennoch immer wieder mit je 10% des Depotwerts einschließlich Bargeld nachkaufen.

Diversifikation

Es ist wichtig, dass Sie nicht alle Eier in einen Korb legen. Eine moderate Streuung macht Sinn. Falls es in dem einen Sektor nicht läuft, haben Sie die Chance, dass es in den anderen eventuell besser läuft. Zwar ist diese Phrase abgedroschen, doch ist sie sehr wichtig. Natürlich kann man Glück haben und wie Warren Buffet in die eine Aktie investieren, die dann richtig durchstartet. Nur ist das Risiko hierbei zu groß.

Ich persönlich empfehle ein ausgewogenes Depot mit drei bis zwölf verschiedenen Werten – möglichst ein Mix aus verschiedenen Ländern und Geschäftsbereichen.

Aufteilung des Depots

Ich persönlich arbeite mit der 10%-Regel, d. h., ich investiere immer 10% vom Gesamtwert meines Depots. Der Gesamtwert setzt sich zusammen aus dem aktuellen Depotwert inklusive Barmittel auf dem Depot. Der Gesamtwert schwankt und so kaufe ich mal mehr und mal weniger Aktien. Damit das Depot dann ausgewogen ist und bleibt empfehle ich 10% des Depots immer in bar zur Verfügung zu haben. Somit ist sichergestellt, dass Sie keine Supergelegenheit verpassen, weil Sie alles investiert haben. Und auch bei allen Zukäufen sollten Sie nicht mehr als diese 10% investieren.

Mit der Zeit wird sich das Verhältnis der Aktie untereinander verändern. Um dem entgegenzuwirken kaufe ich meist die Aktie nach, deren Kurswert im Verhältnis zum Gesamtwert des Depots am niedrigsten ist. Wenn ich z. b. EUR 5000,- in Aktie A, EUR 4000,- in Aktie B und EUR 2.500,- in Aktie C habe, kaufe ich Aktie C nach. So wird das Gleichgewicht untereinander immer wieder hergestellt bzw. angepasst.

Der Verkauf der Aktie

Sicherlich geht es Ihnen auch so wie den meisten meiner Kollegen. Viel wichtiger, als die Frage, wann man kaufen soll, ist doch eigentlich jene nach dem Verkaufszeitpunkt.

Benjamin Graham, ein Urgestein der Börse, sagte dazu einmal sinngemäß:

„Entweder verkaufen Sie, sobald Sie 50% Gewinn gemacht haben oder nachdem Sie die Aktie zwei Jahre lang gehalten haben, je nachdem, was zuerst geschieht."

Ich persönlich halte nicht viel davon, sich Ziele, wie z. B. einen bestimmten Kurs oder eine bestimmte Zeitspanne, zu setzen. Warum sollte man eine Aktie verkaufen, die gut läuft, gerade wenn man sich sicher ist, dass sie weiteres Aufwärtspotenzial hat. Hätte Warren Buffet die Coca-Cola-Aktie bei 100% verkauft, wäre er nicht zum Milliardär geworden. Ich gestehe, Buffet ist ein Genie. Und warum sollte man nicht auch ein bisschen so wie er handeln.

Wenn Sie von einer Aktie überzeugt sind, kaufen Sie sie. Wenn sich die Voraussetzungen dann irgendwann ändern, sei es durch fallende Gewinne oder steigende Schulden, verkaufen Sie. Sie können auch verkaufen, wenn Sie eine bessere Investitionsmöglichkeit gefunden haben, die mehr Gewinn verspricht. Ich glaube, das ist es, was Warren Buffet damit meint, wenn er sagt: „Wenn Sie eine Aktie nicht 10 Jahre zu halten bereit sind, sollten Sie sie auch nicht 10 Minuten halten."

Schlusswort

Ich hoffe, ich konnte Ihnen mit diesem Ratgeber einige hilfreiche Anregungen geben. Gute Aktien ausfindig zu machen ist gar nicht so schwer, wie es aussieht. Es sind nur ein paar wenige Kennzahlen, die die Spreu vom Weizen trennen.

Wie bei jeder Strategie ist bei der hier beschriebenen Durchhaltevermögen und Beständigkeit notwendig. Es bringt nichts, wenn man seine Anlagestrategie immer wieder über den Haufen wirft und von vorne anfängt.

Von allen bisher kennengelernten Strategien ist mir diese die liebste, weil man recht zuverlässig gute Wachstums-Aktien entdecken kann.

Viel Erfolg und vor allen Dingen, viel Spaß bei Ihren Recherchen.

Nützliche Links

Um die in diesem Buch genannten Kennzahlen zu recherchieren haben sich einige gute Internet-Anbieter bewährt. Ich liste hier meine Favoriten auf. Das bedeutet jedoch nicht, dass es keine anderen guten Seiten gibt.

Für fundamentale Kennzahlen:

www.ariva.de/

www.onvista.de/

Für Informationen zum Management oder genauere Zahlen zum Unternehmen:

http://www.morningstar.de/de/

Oder zu guter Letzt die englischsprachige Seite:

http://www.morningstar.com/

www.ingramcontent.com/pod-product-compliance
Lightning Source LLC
Chambersburg PA
CBHW070731180526
45167CB00004B/1703